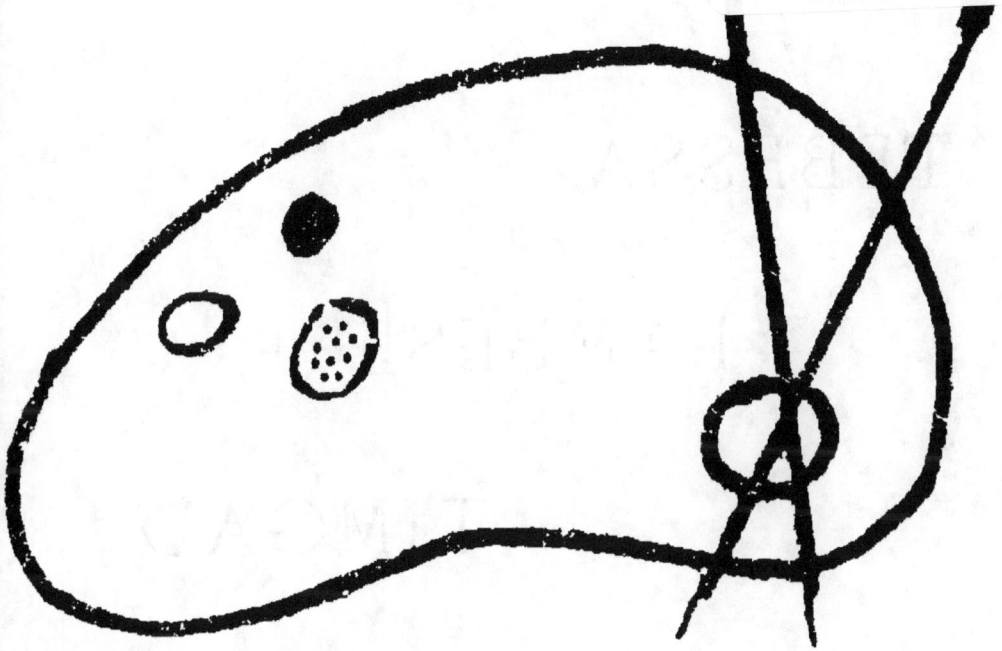

Couvertures supérieure et inférieure
en couleur

TÉBESSA

LAMBÈSE

TIMGAD

BERTHAUD FRÈRES

9, RUE CADET, 9

PARIS

MONUMENTS ANTIQUES

DE L'ALGÉRIE

Original en couleur

NF Z 43-120-8

Monuments Antiques

DE

L'ALGÉRIE

Tébessa

Lambèse

Timgad

CONFÉRENCE

FAITE AU

PALAIS DU TROCADÉRO

LE 11 DÉCEMBRE 1893

PAR M. ALBERT BALLU

ARCHITECTE EN CHEF DES MONUMENTS HISTORIQUES DE L'ALGÉRIE

———

Illustrations en phototypie par MM. Berthaud frères,
d'après les photographies de la Commission des monuments historiques.

PARIS

IMPRIMERIE BERTHAUD FRÈRES

9, RUE CADET, 9

———

1894

MONUMENTS ANTIQUES

DE L'ALGÉRIE

CONFÉRENCE DU 11 DÉCEMBRE 1893

MONSIEUR LE DIRECTEUR DES BEAUX-ARTS,

MESDAMES, MESSIEURS,

LA conférence que je vais avoir l'honneur de faire aujourd'hui ne sera qu'une description bien sommaire de trois des plus belles ruines de l'antique Afrique Romaine, Tébessa, Timgad et Lambèse : je ne dirai que quelques mots de cette dernière, bien que les restes en soient des plus importants, mais il faut se limiter et d'ailleurs c'est principalement sur les deux premiers points que nous avons dû diriger nos recherches et nos études.

Avant tout, je dois rendre hommage à la mémoire de mon regretté prédécesseur Duthoit à qui est échu, sous la haute direction de M. Bœswillwald, inspecteur général, la tâche ingrate et aride du commencement et dont les beaux relevés remplissent les cartons du Ministère : la mort l'a enlevé au moment où il allait recueillir le fruit de ses peines et de son incomparable labeur; il me faut aussi faire mention des services que nous a rendus M. Bauer, récemment décédé, comme inspecteur correspondant des monuments historiques de l'Algérie ; enfin je n'aurai garde d'omettre de rendre justice au zèle déployé par M. Sarazin, inspecteur des travaux du département de Constantine, dans l'exercice des délicates et pénibles fonctions qu'il remplit avec dévouement et intelligence.

TÉBESSA

TÉBESSA

———

Théveste (aujourd'hui Tébessa) et Lambœsis, de nos jours Lambèse, étaient autrefois reliées par une voie Romaine qui traversait Mascula (actuellement Krenchela) et Thamugadi, le nom antique de Timgad, la perle de nos ruines Africaines, notre Pompéi Algérienne. Un coup d'œil sur cette partie de la carte du département de Constantine permet de reconstituer la route qui mettait en communication les points destinés à contenir les belliqueuses et turbulentes populations de l'Aurès. Le territoire militaire commandé par le légat partait un peu à gauche de Philippeville, comprenait la Tunisie actuelle et redescendait au sud-ouest que les postes dont nous parlons protégaient contre les excursions des Barbares.

Philippeville, l'antique Rusicada, possède encore de vastes citernes romaines utilisées par la ville moderne, de belles mosaïques, et surtout des restes de son théâtre dans lequel on a réuni un assez grand nombre de statues fort intéressantes. Les gradins ont malheureusement disparu mais une grande partie des voûtes subsistent. Ce théâtre, suivant la coutume des anciens, était adossé à une colline, de telle sorte que la déclivité du terrain fût utilisée pour l'établissement des degrés.

Sans nous arrêter à Constantine, l'ancienne Cirta dont on connaît les silhouettes pittoresques et la position hardie au-dessus des gorges du Roumel, nous arrivons à Tébessa. Théveste, fondée sous Vespasien à la fin du 1er siècle, fut la résidence primitive de la IIIe légion Auguste, à laquelle l'histoire de l'Afrique antique est si intimement liée.

Dès la première moitié du IIe siècle, Théveste, alors point de jonction de neuf voies différentes, fut le rempart de Rome contre les agressions constantes des Berbères en même temps qu'elle était la cité la plus riche de l'Afrique après Carthage à cette époque relevée de ses ruines. Sous Septime Sévère (193-211), parvenue à son apogée, elle servait d'entrepôt pour le commerce actif que les Romains entretenaient avec le centre du pays ; ses environs étaient d'une fertilité prodigieuse.

Il ne reste pas à Tébessa de nombreux vestiges de cette époque primitive impériale, toutefois le règne de Caracalla nous a laissé un magnifique arc de triomphe quadrifons (fig. I) (c'est-à-dire de quatre faces d'égales dimensions) qui date de l'an 212 après J.-C. Ce monument presque intact avec ses colonnes détachées supportant un attique orné d'inscriptions possède encore les restes de l'un des deux édicules qui contenaient les statues de Caracalla et de Géta, toutes ses sculptures et l'amorce d'une coupole qui le couronnait. Il est dédié à Septime Sévère, à Julia Domna, sa femme, et à Caracalla, leur fils. Avec l'arc de Janus à Rome, c'est le seul exemple d'arc antique encore debout possédant cette disposition des quatre faces égales, mais celui de Théveste est infiniment plus riche et plus intéressant.

On ne saurait douter que cet édifice ait été l'ornement d'une des places de la ville ; ce fut seulement au VIe siècle, lorsque l'eunuque Solomon (et non Salomon, comme beaucoup d'auteurs l'écri-

FIG. I

ARC DE CARACALLA

FIG. II

TEMPLE DIT DE MINERVE

vent), lieutenant et successeur de Bélisaire en Afrique, releva les murs
de Théveste alors ruinée, que l'arc de Caracalla fut utilisé comme
tour de flanquement et comme porte de ville ; la façade sud pro-
longée donna le tracé de l'un des côtés de la citadelle bysantine,
les faces Est et Ouest furent murées et la face Nord fermée dans sa
partie supérieure. Toutes ces maçonneries de remplissage ont disparu depuis l'occupation française.

En faisant abstraction des édicules qui surmontaient l'arc de triomphe, sa hauteur depuis le sol jusqu'à la corniche est de 11 mètres ;
c'est également la distance qui sépare deux faces opposées, non compris les saillies des colonnes. On voit donc que le noyau du monument est un cube parfait.

Près de l'arc de Caracalla, dans l'intérieur de la citadelle de Solomon limitant actuellement la ville de Tébessa, on voit un temple
corinthien dit « de Minerve » (fig. II), dont la date n'est pas exacte-
ment connue, mais qui paraît être du IIIᵉ siècle. Il est *tétrastyle*, c'est-
à-dire que sa face principale possède quatre colonnes : il est aussi de
l'espèce *prostyle* ou n'ayant de colonnes qu'à sa partie antérieure et
pseudopériptère, ordonnance consistant dans une rangée de colonnes
engagées dans les murs latéraux de la cella ou sanctuaire au lieu
d'être isolées comme dans le périptère. Ici toutefois il y a un cas
particulier : des pilastres remplacent les demi-colonnes du pseudopériptère ordinaire, comme au temple d'Hercule à Cora et au temple d'Ostie. Le sol de la cella était autrefois à 4 mètres au-dessus
du sol extérieur, on gravissait 20 marches ; actuellement le sol a été
exhaussé et nous ne voyons plus que 13 marches.

Le temple était autrefois enfermé dans une enceinte laissant de
chaque côté du sanctuaire un espace découvert de 16 mètres : En
avant, cet espace était de 24 mètres. Le mur antérieur, encore en
partie debout, était décoré de pilastres sur ses deux faces et percé
de trois portes ; la corniche était seulement à 1 m. 30 au-dessus de
la base des colonnes du temple qui, conséquemment, dominait

assez le mur pour être bien vu de la place publique sur laquelle il était situé. La largeur du temple est de 9 mètres sur 14, 80 de longueur; la hauteur, non compris le soubassement, est de 8 m. 90, mais il manque le bandeau de couronnement de l'attique qui recevait, selon toute probabilité, un toit à quatre versants au lieu du fronton traditionnel. La hauteur des colonnes est de 6 m. 40 et leur diamètre de 0 m. 68. Ces proportions se rapprochent de celles prescrites par Vitruve et adoptées en général par les Romains qui ont donné de 9 1/2 à 10 diamètres de hauteur à leurs colonnes corinthiennes. La frise qui surmonte les colonnes est d'une ornementation très riche et elle est divisée en compartiments inégaux; ceux de moindre dimension, plus saillants que les autres, sont placés dans le prolongement des colonnes et des pilastres et décorés de têtes de béliers ou de taureaux des sacrifices avec bandelettes; ceux de plus grande dimension contiennent les attributs de Minerve tels que la chouette aux ailes déployées accompagnée de deux serpents entrelacés de rameaux d'oliviers. La corniche est ornée de canaux, de perles, d'oves et de denticules; elle est dépourvue de larmier.

L'attique possède les mêmes divisions que la frise : les parties disposées au haut des têtes de bélier sont de dessins différents ; dans les unes on a figuré des guerriers armés, dans d'autres des trophées d'armes composés de boucliers, de haches, de casques, de cuirasses à écailles. Les divisions intermédiaires aussi sont diversement décorées: celles placées au-dessus des intervalles des colonnes des faces latérales ont des cornes d'abondance croisées ; celles qui ornent le haut de la cella renferment des guirlandes entrecroisées et suspendues à des rosaces : dans la façade postérieure ces guirlandes sont séparées ; quant à l'attique de l'élévation principale, il a été refait et ne possède plus de sculptures.

Ce monument est donc intéressant à plus d'un titre : la composition de ses parties supérieures, la suppression de l'architrave, la présence de l'attique et la presque certitude de la non existence an-

TÉBESSA

FIG. III

REMPARTS BYSANTINS

térieure du fronton, ainsi que le caractère de ses sculptures donnent à cet édifice une originalité remarquable.

Nous arrivons ensuite à l'enceinte de Solomon qui existe à peu près telle qu'elle fut établie à l'époque byzantine par ce général après la destruction de la ville par les Maures, en 535, lors de la grande révolte qui suivit le premier départ de Bélisaire; cette citadelle fut construite à la hâte avec tous les matériaux qui se trouvaient à la portée des soldats byzantins; aussi voyons-nous des pierres portant des inscriptions ou des moulures, des chapiteaux, des corniches, des fûts de colonnes même utilisés, comme par exemple ceux du théâtre antique de Théveste, sans qu'on ait pris la peine de les tailler (fig. III).

Quatorze tours flanquent les murs dont le développement est de 1200 mètres environ, l'épaisseur de 2 m. et la hauteur de 7 m.; (cette hauteur était jadis de 9 mètres). Trois portes donnent accès aux faces Est, Sud et Nord. A l'Est, *la porte Solomon* était puissamment défendue par deux tours carrées à deux étages; elle débouche de nos jours sur le marché arabe installé le long des murailles en dehors de la citadelle.

La porte Sud s'appelle *porte du Cirque* à cause de la proximité des restes d'un amphithéâtre dont l'arène circulaire mesurait 50 mètres de diamètre et pouvait contenir 7000 spectateurs environ. Enfin la *porte Nord* n'est autre que l'arc de Caracalla précédemment décrit.

A 1000 mètres de cette porte, dans la direction du Nord-Est, on aperçoit un monument hexagonal qui présente l'aspect d'un grand piédestal surmonté d'une coupole. Il mesure 5 m. 70 de diamètre et 2 m. 50 de hauteur. Nous sommes certainement là en présence d'un mausolée antique que les Arabes ont couvert d'une Koubba blanchie à la chaux en l'honneur d'un marabout du pays, Sidi Djaballah, à qui il sert de sépulture.

Nous décrirons maintenant les splendides ruines dites « *de la*

Basilique » qui appartiennent à un monastère datant des premiers siècles du christianisme.

Ce monastère, situé à 460 mètres en dehors des murs de la ville, était entouré d'une enceinte spéciale en forme de quadrilatère irrégulier dont la surface ne dépassait pas 20,000 mètres carrés (100 m. sur 200 m. environ). Il comprenait plusieurs séries de bâtiments dont l'ensemble avait été érigé sur l'emplacement et avec les débris de basiliques ou de temples païens, ainsi qu'il en résulte de la découverte de fragments trouvés dans les fouilles et enchâssés dans les murs encore debout.

Le monastère de Théveste, dont on doit faire remonter l'origine à la fin du IVe ou au commencement du Ve siècle, nous donne des renseignements fort précieux sur les dispositions des premiers « *monasteria clericorum* » dont il est le plus ancien exemple connu dans un état de conservation aussi complet. Il renfermait une basilique cathédrale et la demeure de l'évêque située au milieu des cellules réservées au clergé, selon les usages des premiers temps chrétiens : des inscriptions tumulaires (en mosaïques de marbres) des Ve et VIe siècles, découvertes en 1870, nous prouvent que le monastère subsista pendant le règne des Vandales (439-534). Mais Théveste ayant été, comme nous l'avons vu, détruite en 535, le couvent épiscopal subit le même sort et sa réédification eut lieu quatre années après, lorsque Solomon releva la ville de ses cendres. Après la mort de ce général (543) et les triomphes du stratège Jean Troglita sur les Maures refoulés au loin, l'Afrique respira et jouit de la paix pendant près d'un siècle. Dès lors, la citadelle de Solomon n'étant plus suffisante à contenir les populations attirées par un retour de la prospérité passée, il fallut construire une nouvelle enceinte (574-579). Cette muraille, dont on retrouve de nombreux restes, s'étendait au Nord, à l'Est et au Sud de la citadelle et était encore distante de 125 mètres du couvent que Solomon avait déjà entouré, comme celui de Carthage, d'une muraille continue afin qu'à l'occasion cet

FIG. IV

MONASTÈRE
Porte d'honneur.

FIG. V

MONASTÈRE

Cloître.

FIG. VI ET VII

MONASTÈRE

Écuries. — Ensemble et détail des Auges.

édifice pût servir de forteresse avancée et résister aux attaques éventuelles de la cavalerie berbère. La nouvelle ville et le monastère ne
furent détruits définitivement que lors de l'invasion des Arabes qui,
sous la conduite de Sidi Okba, s'emparèrent de Théveste en 683.

Parmi les évêques qui illustrèrent le siège épiscopal de l'antique
cité, nous mentionnerons Lucius (255), qui assista au concile de
Carthage convoqué et présidé par saint Cyprien. A cette époque ce
siège épiscopal ne faisait pas encore partie du monastère, puisque
l'édit de Constantin, rendant la paix à l'Eglise et autorisant les fondations de couvents chrétiens, ne date que de l'an 307. En 295,
l'Eglise d'Afrique compte parmi ses martyrs saint Maximilien mis à
mort à Théveste sous le consulat de Tucus et d'Anullinus. Nous
citerons également les noms des évêques thévestins : Romulus (349),
Urbicus (411), Félix convoqué au concile de Carthage de 484, etc.

Les ruines du monastère ont été entièrement mises à jour par le
service des Beaux-Arts de 1888 à 1891 ; elles comprennent d'abord
une cour d'entrée flanquée de deux bâtiments de gardiens. Une
seule porte située vers la ville donnait accès au couvent ; à gauche
on pénétrait le long de l'enceinte sud à un bâtiment d'écuries ; à
droite on accédait à la porte d'honneur (fig. IV).

Cette porte, aujourd'hui en partie debout, menait à une grande
avenue dallée qui partageait l'ensemble des constructions en deux
portions inégales et dont l'extrémité aboutissait à un autre passage
semblable au précédent. Sur le côté Nord de l'avenue se dresse un
beau perron conduisant à l'église précédée de son pronaos et de son
atrium ; sur le côté sud, nous voyons les restes d'un cloître (fig. V)
dont la face du fond seule était protégée par un portique : les deux
autres étaient bordées de balustrades et servaient de promenoirs
découverts, donnant sur le cimetière que deux allées entrecroisées
divisaient en quatre parties égales.

A l'extrémité de la voie s'élève un vaste bâtiment d'écuries (fig.
VI) avec salles annexes à deux étages destinées à l'emmagasinage des

fourrages : les grands corbeaux de pierre supportaient une galerie en bois de circulation intérieure ; les mangeoires, également en pierre, sont dans un parfait état de conservation, ainsi que les séparations verticales munies de trous destinés à recevoir les liens des chevaux dont le nombre pouvait être de 80 (fig. VII). Deux autres petites écuries situées de l'autre côté de la voie étaient réservées à des coursiers spéciaux (1).

Le grand perron dont nous avons parlé était flanqué de deux grosses colonnes de marbre surmontées de statues ainsi que les faces intérieures des deux passages Sud et Ouest. Des promenoirs ou abris pour les religieux étaient disposés de chaque côté de l'escalier, que dominaient deux tours élevées, véritables précurseurs des clochers futurs de la chrétienté ; à l'intérieur de ces tours nous avons retrouvé les traces d'escaliers qui aboutissaient au premier étage de l'atrium et de la basilique.

Cet atrium précédé d'un pronaos ou portique d'entrée était orné d'une fontaine aux ablutions (φιάλη) servant à la purification des fidèles, usage adopté plus tard par les Musulmans : de nos jours on se contente du simulacre de ces ablutions antiques en trempant ses doigts dans le bénitier de nos églises. Sur le flanc droit de l'atrium une porte conduit au baptistère, salle dont le peu d'importance étonne, mais qui a conservé sa cuve baptismale avec les degrés qu'on descendait pour subir l'immersion.

Nous entrions enfin dans l'église (fig. VIII) dont la forme est celle des basiliques antiques avec deux bas côtés, son abside demi-circulaire au fond de laquelle se dressait le trône épiscopal ou *Cathedra*, son autel (dont les substructions existent encore), entouré par les chancels ou clôtures de pierre et de marbre qui l'isolaient du commun des fidèles. Cette basilique, de 46 m. de longueur sur 22 m.

(1) Il existe à notre connaissance six autres exemples d'œuvres analogues à Haydra en Tunisie, dans la baie de Centorbi en Sicile, a Deir-Séta, Kokanaya, Kalat-Seman et à Amiah en Asie Mineure.

Fig. VIII

MONASTÈRE

Basilique. — Cathédrale. — Vue de la Nef.

FIG. IX ET X

MONASTÈRE
Corbeaux supportant la Charpente

FIG. XI ET XII

MONASTÈRE
Corbeaux supportant la Charpente.

de largeur, était décorée magnifiquement. Nous avons retrouvé tous les dallages en mosaïques de marbres dont les dessins aussi variés que riches sont composés des plus vives couleurs : un triple étage de colonnes de marbre supportait de belles consoles qui nous sont presque toutes parvenues et dont la sculpture est des plus intéressantes. Ces consoles supportaient la charpente apparente et étaient elles-mêmes portées par des corbeaux de moindres dimensions pénétrant dans le mur (fig. IX, X, XI et XII). Des placages de marbres et des mosaïques d'émail ornaient les murailles et les voûtes de l'église et de la chapelle funéraire à trois absides adjacentes, dont le niveau inférieur était relié à celui de l'église par un escalier de treize marches. Là aussi on a trouvé les fondations d'un autel, ainsi que plusieurs tombes munies d'inscriptions et un sarcophage paraissant dater du IVe siècle.

Sur toute la longueur des bas côtés, et le long du chevet de l'église sont disposées, au nombre de vingt-trois, les salles qui servaient d'habitations aux religieux et à l'évêque ; ces cellules ont été construites en partie avec les débris de tombeaux romains enlevés à l'une des grandes voies antiques qui partaient de Théveste (fig. XIII).

Dans l'angle formé par la chapelle funéraire et par les cellules flanquant le bas côté est, nous avons exhumé les restes d'un oratoire ayant la disposition d'une petite basilique avec ses collatéraux et son abside demi-circulaire. Ce petit édifice qui, selon toute apparence, était une chapelle particulière spécialement affectée aux moines, occupait l'intervalle de quatre des contreforts intérieurs de l'enceinte fortifiée, lesquels supportaient un chemin de ronde en bois servant de communication entre les tours de défense dont le nombre était de six.

On remarquera la position de ces tours qui n'étaient saillantes qu'à l'intérieur, comme dans nombre de forteresses Romaines et Bysantines d'Afrique.

Peut-être, pour le cas qui nous occupe, faut-il voir dans cette disposition des précautions prises dans le but de surveiller et au besoin de cerner facilement les voleurs qui eussent pu se glisser parmi les nombreux pèlerins accourus des environs aux jours des grandes solennités.

FIG. XIII

MONASTÈRE
Cellules.

LAMBÈSE

LAMBÈSE

Fig. XIV

PRÆTORIUM

FIG. XV

PRÆTORIUM
Vue intérieure.

LAMBÈSE

L'ANTIQUE Lambœsis est célèbre par le séjour qu'y fit la IIIe légion Auguste précédemment casernée à Théveste, ainsi que nous l'avons dit.

Tout d'abord il n'existait à Lambèse qu'un petit poste militaire, un de ceux que le gouvernement Romain avait échelonnés le long de l'Aurès pour garder les passages du désert.

Au commencement du IIe siècle de notre ère, en 125 environ, ce premier établissement militaire reçut un grand développement lorsque l'empereur Hadrien résolut d'en faire le quartier général des troupes d'Afrique (1).

Comme Théveste, c'est sous Septime Sévère que Lambèse atteignit son plus haut degré de splendeur. Les monuments se multiplièrent dans le camp établi par la Légion et dans la cité qui s'était élevée autour d'elle. Mais après les Antonins, les légionnaires furent licenciés par le petit fils de Gordien qui voulut les punir d'avoir embrassé la cause de Maximin. Pendant 25 ans Lambèse fut ainsi

---

(1) Voir le guide de Lambèse, par M. René Cagnat, professeur au Collège de France.

privée de la plus grande partie de sa population, et, la légion était à peine reconstituée, qu'un tremblement de terre bouleversa tout le pays et détruisit ou endommagea tous les monuments de la ville (268). C'est de cette époque que datent le camp et le prætorium tels qu'ils existent aujourd'hui.

Le camp dont le périmètre existe encore en partie mesurait 420 mètres de largeur sur 500 mètres de longueur. L'angle sud-ouest malheureusement a été détruit lors de la construction du pénitencier de Lambèse. L'enceinte était percée de quatre portes dont celles du Nord et de l'Est subsistent encore : elles donnaient passage à deux grandes voies dont l'intersection était occupée par le *Prætorium*, désignation donnée au quartier général du commandant en chef parce que le magistrat suprême de Rome, en temps de guerre, était à l'origine le préteur.

Le Prætorium de Lambèse (fig. XIV) est un monument quadrangulaire de 23 m. 30 sur 30 m. 60 de longueur et de 15 mètres de hauteur actuelle. La façade principale est orientée au Nord ; l'intérieur, dont la couverture a disparu, a été converti en musée et renferme des fragments et des statues trouvés à Lambèse, à Timgad et dans les environs (fig. XV). Au sud du Prætorium se trouvent les ruines des thermes de la IIIe légion, fouillées en 1862 et aujourd'hui presque entièrement disparues.

En quittant le camp pour se diriger vers la cité de Lambèse, on aperçoit tout d'abord les restes d'une porte monumentale dont la construction remonte à l'époque de l'empereur Commode (176-192 après J.-C.) (fig. XVI). Elle était percée d'une seule arcade et décorée de pilastres ; puis on arrive à ce qui fut l'amphithéâtre dont toutes les pierres ont servi, hélas, à la construction de la maison centrale. Il pouvait contenir de dix à douze mille spectateurs.

Dans la direction du S.-E. on rencontre un petit fort bysantin également exploité par les entrepreneurs de démolitions, puis un bel arc de triomphe du temps de Septime Sévère (fig. XVIII). Cette

FIG. XVI

ARC DE COMMODE

FIG. XVII

MAUSOLÉE

FIG. XVIII

ARC DE SEPTIME SÉVÈRE

FIG. XIX

TEMPLE D'ESCULAPE ET D'HYGIE

porte monumentale, qui marquait le commencement de la cité, était reliée au camp par une longue voie appelée « *voie septimienne* ». Une inscription, aujourd'hui perdue, nous a appris que sa construction avait été confiée à la main d'œuvre légionnaire.

Près de l'arc se trouvent un établissement de propreté publique et les restes de ce qu'on a cru alors être le palais du légat : à la suite de fouilles, on a trouvé là en 1850 de belles mosaïques.

Viennent ensuite les grands édifices jadis groupés autour des forums Le temple d'Esculape et d'Hygie (fig. XIX) frappe tout d'abord les regards ; au fond d'une cour disposée en hémicycle on distingue le sanctuaire proprement dit et les restes de deux colonnades circulaires qui le reliaient de chaque côté à deux chapelles (1). En avant une longue avenue est bordée d'oratoires secondaires se composant d'une salle carrée dont la face postérieure est décorée d'une niche. Le temple principal date de 162 ; les chapelles secondaires, bâties successivement sous les empereurs Marc-Aurèle, Commode et Septime Sévère, furent terminées en 211 après J.-C. Non loin de là, nous arrivons aux deux forums dont le plus grand mesure 60 mètres sur 55 mètres, l'autre, qui lui est juxtaposé, 75 mètres sur 35 mètres. Sur le premier s'élevait un temple (fig. XX) possédant deux cellæ avec un grand piédestal, supportant une statue, disposé à la partie postérieure de chacun de ces sanctuaires ; une troisième logette était ménagée au milieu du temple, que les inscriptions nous disent avoir été dédié à Jupiter, Junon et Minerve. On le désigne sous le nom de capitole : sa construction remonte à la fin du IIe siècle ou au commencement du IIIe. Il était, suivant l'usage, entouré par une colonnade.

Le second forum, en contre-bas d'un mètre environ du premier, en était séparé par un mur et possédait également un portique abritant des statues : on y accédait par un arc triomphal à trois portes

(1) Les statues d'Esculape et d'Hygie sont déposées au Prætorium.

dont il n'existe plus que les assises inférieures : on y voit aussi les restes d'un temple consacré à une divinité inconnue ou peut-être d'une curie ou salle de conseil municipal.

Au nord-est des forums, on peut voir les ruines des bains « *dits des chasseurs* » (fig. XXI). Ces thermes, qui possèdent encore les traces visibles de leurs piscines et des différentes salles nécessaires aux baigneurs, ont été construits avec des briques portant l'estampille de la légion IIIe Auguste.

Nous citerons aussi les deux portes monumentales qui marquaient la sortie de Lambèse du côté oriental, les ruines du temple de Neptune, les aqueducs, enfin les tombeaux parmi lesquels on distingue de beaux restes de mausolées (fig. XVII).

LAMBÈSE

FIG. XX

CAPITOLE

LAMBÈSE

Fig. XXI

BAINS DITS « DES CHASSEURS »

TIMGAD

Fig. XXII

ARC DE TRAJAN
Face Est.

FIG. XXIII

ARC DE TRAJAN
Face Ouest.

Fig. XXIV

GRANDE VOIE *(Decumanus maximus)*

TIMGAD

A 27 kilomètres est des ruines de Lambèse, on voit les restes d'une ville construite au 1er siècle de notre ère et qui, dévastée par les Maures autochtones au VIe siècle, puis bouleversée par des tremblements de terre, est cependant parvenue jusqu'à nous dans un état merveilleux de conservation. On l'a, avons-nous dit, surnommée la *Pompéi algérienne;* son nom antique est *Thamugadi,* Procope la désigne par le mot Ταμούγαδω; les Arabes l'ont appelée *Timgad.*

Elle était traversée par deux grandes voies principales, dont l'une tirée du sud au nord se nomme le *Cardo maximus;* l'autre, de l'est à l'ouest, prend le nom de *decumanus maximus.* C'est cette dernière qui reliait la ville à Théveste et à Lambèse, et sur laquelle s'élevaient plusieurs arcs de triomphe dont l'un, bâti par Trajan en l'an 100 de notre ère (fig. XXII et XXIII), était percé de trois portes, décoré de colonnes de marbres, de niches et de statues. Il est encore presque entièrement debout; et l'un des frontons circulaires des côtés existe encore. Malheureusement ce beau monument a eu beaucoup à souffrir des tremblements de terre; en maints endroits les colonnes se sont disjointes et il a fallu établir des arcs intérieurs en maçonnerie afin de neutraliser les poussées qui s'étaient produites. Les deux faces sont à peu près identiques : sous la grande arcade centrale deux ornières taillées profondément dans la dalle facilitaient la circulation des chars en les maintenant à une distance calculée de chacun des pieds droits (1)

C'était là une application de chasse-roues à la mode romaine (1). Les deux arcades basses étaient réservées aux piétons.

En suivant la grande voie (fig. XXIV), nous apercevons à notre droite des portiques supportés par des colonnes abritant de nombreuses boutiques à un ou deux étages avec arrière-boutiques encore bien conservées (fig. XXV) : partout les traces de fermetures des portes sont visibles dans l'épaisseur des murs : quelques-unes de ces portes ont même gardé leurs linteaux de pierre.

La voie possède son dallage intact avec les sillons creusés par les roues des chars comme à Pompéi : les égouts n'ont pas été touchés et fonctionnent même encore. Nous ferons aussi remarquer le tracé en biais des joints des dalles, afin d'éviter aux roues la simultanéité des cahots que des pierres saillantes pouvaient occasionner. Des fontaines publiques bordaient la voie principale ; elles étaient alimentées par les eaux de la colline dont l'adduction s'opérait au moyen de canalisations en pierre (fig. XXVI).

Plus loin on remarque un établissement de la catégorie de ceux qu'au dire de Suétone, Vespasien avait frappés d'un impôt et qui ont gardé son nom. Nous sommes en présence des « *latrinæ publicæ* » avec système diviseur et « *tout à l'égout* » parfaitement organisés : une eau courante partant d'une fontaine-réservoir munie d'un trop plein circulant dans toute la salle en assurait le nettoyage (fig. XXVII).

Au-dessus de l'égout, aujourd'hui béant qui longeait les murs de la salle, étaient autrefois disposées des stalles de pierre de 0m, 80

(1) Voir le discours de M. A. Milvoy à la société des antiquaires de Picardie.

FIG. XXV ET XXVI

BOUTIQUE ET RUE PARALLÈLE AU CARDO
AVEC CANALISATION

Fig. XXVII

LATRINES PUBLIQUES

Fig. XXVIII

MAISON

de hauteur formant séparations : les traces en sont visibles encore sur le dallage. Une pièce annexe faisait communiquer les Latrines avec le dehors : la porte d'entrée ne s'ouvrait pas en face de celle de la salle afin de cacher aux regards des passants un spectacle qu'on n'a pas l'habitude de montrer (1).

Tout près de là se trouve une maison récemment fouillée par nous et dont l'atrium, garni d'une série de cuves demi-circulaires destinées à contenir, selon toute probabilité, des fleurs ou des plantes, renferme un puits de 9 mètres de profondeur en bon état de conservation (fig. XXVIII). C'est la première maison (et la seule jusqu'ici) découverte à Timgad.

Sur le côté sud de la grande voie se dressait une porte monumentale par laquelle on accédait au forum en gravissant plusieurs marches; deux autres entrées secondaires, dont l'une a été ultérieurement supprimée, conduisaient également à la place publique, l'un des exemples les mieux conservés des forum provinciaux antiques.

De nombreux monuments (fig. XXIX) étaient disposés autour d'une colonnade entourant la grande place : à l'est, une *Basilique* dont la particularité était de ne posséder qu'une seule nef sans bas-côtés à étage ; de petites pièces annexes flanquaient toutefois le mur latéral oriental; en face le prétoire, élevé d'un mètre environ au-dessus du sol de la basilique, trois grandes niches dont une demi-circulaire, contenaient des statues dont les soubassements ont laissé sur le dallage des traces encore visibles. Les dimensions de la basilique sont de 38 mètres de long sur 20 mètres de large : la grande nef était décorée de deux ordres superposés dont l'inférieur était de style ionique avec feuilles, d'une sculpture toute particulière (Nous en avons retrouvé plusieurs chapiteaux tant sur place qu'au præ-torium de Lambèse). Au sud du forum on voit une série de *bouti-*

(1) Consulter le savant ouvrage de MM. E. Bœswillwald et R. Cagnat sur Timgad (E. Leroux, éditeur).

ques dont chacune est séparée de sa voisine par un massif en terre-
plein de même largeur et de même profondeur que les boutiques
elles-mêmes. On a prétendu que ces massifs arasés au niveau de
la voie parallèle au decumanus, niveau plus élevé que celui du forum,
formaient contreforts et étaient destinés à maintenir la poussée des
terres. C'est là une erreur manifeste; lesdits terre-pleins recevaient
des boutiques disposées sur la rue supérieure et alternées avec celles
donnant sur la place.

Sur le côté ouest, on aperçoit d'abord un ensemble de constructions dont la destination est difficile à déterminer : on a voulu y
voir des thermes ou plutôt un établissement analogue : cette opinion
ne nous semble pas admissible.

Puis nous arrivons à la *Curie* (*ou conseil municipal*). C'est l'un des
monuments les plus importants du forum; il se compose de deux
parties distinctes : un vestibule dans lequel on pénétrait par une
large porte, et une grande salle rectangulaire au fond de laquelle se
dresse une estrade élevée de deux marches et portant les empreintes
de balustrades de métal dont quelques fragments se retrouvent dans
les trous de scellement.

Quatre piédestaux surmontés de statues ornaient la curie dont
les murs construits en petits matériaux étaient recouverts de placa
ges de marbre.

Vient ensuite un édicule autrefois décoré d'une statue de la For-
tune, et dont le soubassement seul existe aujourd'hui ; une inscription des plus intéressantes y est gravée; puis un temple qui paraît
avoir été dédié à la Victoire, il était précédé d'une tribune aux harangues (fig. XXX) à laquelle on parvenait par un escalier, encore
en place et latéralement disposé.

Le temple (1) se composait d'une cella de 4^{m}50 de longueur et

(1) La disposition générale du forum de Timgad se retrouve presque exacte-
ment dans une ville de Ligurie, a Velleja · la basilique, le petit temple, les
boutiques sont orientés d'une façon analogue.

TIMGAD

FIG. XXIX

ENSEMBLE DU FORUM

TIMGAD

Fig. xxx

TRIBUNE AUX HARANGUES ET TEMPLE DE LA VICTOIRE

de 7 mètres de largeur. On a retrouvé les bases, chapiteaux et fûts des 4 colonnes corinthiennes qui composaient le pronaos et dont le diamètre est de 0ᵐ75 : Deux beaux piédestaux hexagonaux supportant autrefois des statues de la Victoire occupaient les angles de la tribune dépourvue, à l'origine, de balustrade.

A cet endroit le portique qui environnait la place était interrompu ; il eût été, en effet, impossible de cacher les orateurs à la foule occupant le forum. Immédiatement après la tribune, et disposé le long du mur nord du temple nous trouvons un petit édifice analogue à la curie, mais de dimensions plus restreintes : les colonnes qui en constituent l'entrée sont cannelées en spirales se terminant dans le bas par une série de pointes de flèches. La salle était close et des placages en marbres ornaient l'intérieur. Etablie plus tard que le temple, dont elle masquait les pilastres de la face latérale nord, cette construction a aussi interrompu la communication qui existait de ce côté entre le forum et la grande voie par une des petites entrées dont nous avons parlé. Pour achever la description des bâtiments qui entouraient la place publique, il nous reste à parler de salles de réunion dont le sol dallé était posé au-dessus des arrière-boutiques voûtées de la grande voie : l'une de ces salles, établie sur toute la profondeur de deux boutiques, atteignait le portique donnant sur le decumanus ; leur façade complètement ouverte sur le forum se composait de colonnes dont les intervalles étaient occupés par des grilles de bronze.

Nous mentionnerons enfin les différents jeux de marelle, de billes, etc., que les fouilles ont découverts intacts, et surtout les nombreux monuments, piédestaux, bases honorifiques supportant autrefois les quadriges, les statues équestres des empereurs : Nous citerons notamment les grandes bases qui portent les noms d'Antonin le Pieux et de Caracalla : d'autres étaient faites pour des statues ordinaires (légats de Numidie, patrons du municipe, magistrats de la cité): « l'une d'elles, de forme hexagonale, portait l'image de

Marsyas, que toutes les colonies latines avaient coutume de placer au milieu de leur forum en souvenir de ce qui se pratiquait à Rome » (1).

La plupart de ces piédestaux subsistent encore avec leurs inscriptions que M. *René Cagnat*, le savant professeur au Collège de France, a étudiées et commentées.

On sort du forum par un passage conduisant directement au théâtre (fig. XXXI et XXXII), appuyé comme celui de Philippeville à un mamelon élevé. Trois portes donnaient accès au monument. L'une située dans le milieu, en haut de la colline, accédait aux places supérieures ; les deux autres aboutissaient latéralement a *l'orchestra* (ou parterre). Trois marches basses sur lesquelles étaient installés les magistrats et personnages de distinction se trouvaient en contre-bas du podium (ou balustrade) inférieur. Cinq escaliers pris aux dépens des gradins menaient à un passage horizontal couronnant la première précinction marquée par un second podium. De là, cinq autres escaliers se chevauchant avec ceux des huit rangs de gradins inférieurs conduisaient à une double galerie dont le niveau correspondait avec le haut de la colline ; du podium supérieur à cette galerie on comptait douze rangs de gradins : au-dessus étaient disposés d'autres rangs supérieurs limités par des colonnes supportant une terrasse à laquelle on parvenait au moyen de l'escalier pratiqué dans la tour établie au-dessus de l'entrée latérale nord. Comme dans tous les théâtres antiques la salle était couverte par un velarium qu'on tendait au moyen de cordes et de poulies fixées à un certain nombre de mâts (mali) plantés tout autour du mur d'enceinte et maintenus par une double rangée de corbeaux de pierre entaillés pour les recevoir.

Sur les degrés on pouvait installer 3400 spectateurs et dans les

_____

(1) *Les fouilles de Timgad*, par M. René Cagnat (extrait des comptes rendus de l'Académie des inscriptions et belles-lettres).

TIMGAD

FIG. XXXI

THÉATRE

Fig. XXXII

VUE D'ENSEMBLE PRISE DE LA COLLINE DU THÉATRE

FIG. XXXIII ET XXXIV

CAPITOLE
Vue d'ensemble et détail d'un Chapiteau.

aleries de pourtour du haut, 800 environ : soit au total et en chiffre rond 4000 personnes.

M. Duthoit a retrouvé les placages de marbres et les petites colonnes qui décoraient le mur du *pulpitum* séparant le *proscenium* e l'orchestra. Dans l'épaisseur de ce pulpitum (la rampe de nos héâtres modernes) étaient ménagés deux escaliers établissant la communication entre la salle et la scène. Cette dernière n'existe plus, nais il est facile d'en reconstituer la place exacte. La colonnade du portique de la façade postérieure, au contraire, est restée debout et 'on a retrouvé tous les éléments de ses chapiteaux d'ordre ionique, les architraves, frises, corniches, etc. Les fouilles de cet intéressant édifice entreprises par M. A. Milvoy sous la direction de M. Duthoit ont été particulièrement difficiles car à certains endroits les remblais atteignaient une profondeur de 7 mètres.

Pour terminer la description du théâtre, nous dirons que sa plus grande largeur est de 63 m.60. Celui de Pompéi a 60 m., d'Hérode Atticus à Athènes 77 m., de Terente 54 m., de Catane 98 m., l'Aspendus 100 m., de Taormine 108 m., d'Herculanum 55 m.,d'Orange 92 m., de Marcellus à Rome 127 m., de Philippeville 82 m.40. Du théâtre, si nous nous dirigeons vers le sud-ouest, nous arrivons au monument le plus élevé de la ville, au Capitole (fig. XXXIII). L'ensemble se compose de portiques encadrant un vaste quadrilatère dont l'un des côtés est formé en partie par la face postérieure d'un temple dédié à Jupiter, Junon et Minerve. Au centre du quadrilatère les substructions d'un autel précèdent le temple. Cet important édifice, fouillé par nous l'année dernière, mesure 23 m.30 sur 35 m.30 non compris l'escalier monumental de 38 marches disposé à 20 m. en avant de l'entrée et les terrasses ou promenoirs découverts adjacents. Il est de style corinthien avec de beaux chapiteaux (fig. XXXIV) en deux assises d'une sculpture largement comprise et d'une bonne époque. Nous avons retrouvé tous les éléments de restauration du monument : les balustrades, bases, fûts, chapiteaux ;

morceaux d'architrave finement travaillés, de la frise ornée de guirlandes, des corniches, frontons, etc.; des fragments de statues colossales dont la hauteur ne devait pas être inférieure à 8 mètres: enfin les débris des marbres les plus riches et les plus variés. Parmi les décombres se trouvaient des restes calcinés des charpentes attestant que ce temple a été en partie détruit par le feu. Le nombre des colonnes était de 22 et leur hauteur atteignait 14 mètres. Elles entouraient la cella sauf dans la partie postérieure.

En étudiant les proportions de l'ordre de ce monument, nous avons constaté de grandes similitudes avec les divers éléments de plusieurs temples de Rome, ainsi qu'en témoigne le tableau comparatif ci-joint.

Le temple était périptère, hexastyle (ayant six colonnes sur la façade principale) et de l'ordonnance systyle (1).

Si nous revenons vers l'arc de Trajan, nous rencontrons un édifice des plus curieux fondé au IIIe siècle par une dame Romaine dont la statue nous a été conservée, avec l'inscription relative à la fondation du monument qui n'est autre qu'un marché ou « macellum » (fig. XXXV). Il était précédé d'un portique à huit colonnes dont les bases seules existent encore : l'entrée bordée de statues et flanquée de boutiques ayant conservé leurs tables de pierre nous conduit dans une cour rectangulaire entourée de galeries soutenues par des colonnes. Au centre, une fontaine, actuellement presque intacte,

(1) D'après Vitruve, l'ordre systyle exige un entre-colonnement d'axe en axe de trois fois le diamètre, et les dés des bases égaux à l'espace libre entre ces bases Notre diamètre étant de 1m,44 (3 fois 1, 44 = 4m,32), nous devrions avoir un espacement de 4m,32 au lieu des 4m,14 que nous avons trouvés.

Mais l'ordonnance pycnostyle (2 diamètres 1/2) nous donnerait 3m,60.

Pour ces ordonnances systyle et pycnostyle, Perrault dans ses notes sur Vitruve (Liv III, chap. II) a compris que l'entre-colonnement du milieu était égal aux autres, comme cela a lieu en Grèce. Or nos entre-colonnements sont uniformes tant sur la face que sur les côtés. Entre 4m,32 (systyle) et 3m,60 (pycnostyle), la moyenne étant de 3m,96, nous sommes donc plus près de 4m,32, c'est-à-dire du systyle, bien que l'espacement entre les dés des bases soit de 2m,70.

TIMGAD

Fig. xxxv

MARCHÈ

TABLEAU COMPARATIF DES DIMENSIONS DE DIVERS ELÉMENTS D'ORDRES CORINTHIENS ANTIQUES

ROME ET TIMGAD

MONUMENTS	DIAMÈTRE INFÉRIEUR DES COLONNES	DIAMÈTRE SUPÉRIEUR	DÉ CARRÉ DE LA BASE	HAUTEUR DU CHAPITEAU	HAUTEUR DES COLONNES	HAUTEUR DE L'ARCHITRAVE	HAUTEUR DE LA FRISE	HAUTEUR DE LA CORNICHE	HAUTEUR DE L'ENTABLEMENT	ENTRECOLONNEMENT D'AXE EN AXE
Portique du Panthéon . . .	1,49	1,367	2,01	1,625	14,065	1,043	0,973	1,225	3,271	4,50
Jupiter Stator	1,48	1,295	2,06	1,608	14,82	1,056	1,041	1,69	3,787	3,789
Jupiter Tonnant	1,38	1,204	1,92	1,625	13,914	0,922	1,022	1,07	3,014	3,574
Capitole de Thamugadi. . .	1 44	1,20	1 93	1,58	14,00	0,928	0.98	1,02	2,928	4,14

fournissait l'eau nécessaire à l'établissement dont le fond se termine en hémicycle. Cette partie demi-circulaire contenant sept boutiques (fig. XXXVI) très bien aménagées était couverte par une charpente que soutenaient quatorze consoles d'un très beau style bysantin trouvées dans les fouilles par M. Duthoit. On voit encore les boutiques rayonnantes du fond avec les tables sous lesquelles on était obligé de passer pour s'installer et opérer la vente des denrées. Le service des monuments historiques vient d'achever les déblais du marché et d'une annexe assez importante dont l'élévation principale donnant sur la grande voie en avant de l'arc de triomphe, était décorée de quatre colonnes. Mais les fouilles à venir nous réservent encore bien des surprises et nous sommes loin d'avoir pénétré tous les secrets de Thamugadi dont la renommée nous a valu, au mois de mai de l'année dernière, l'honneur de la visite de M. Léon Bourgeois, alors ministre de l'Instruction publique et des Beaux-Arts, visite dont le pays conservera longtemps le souvenir.

Déjà, depuis cette époque, à la reprise des travaux interrompus par l'épidémie qui sévissait cet été en Algérie, nos terrassiers ont mis à découvert (et cela tout récemment) les bâtiments des thermes de la ville avec leurs mosaïques de dallages parfaitement conservées, des statues, vases sculptés, inscriptions établissant la date de l'érection du monument sous le règne de Septime Sévère (198 après J.-C.).

Ici se termine l'énumération des édifices méthodiquement déblayés jusqu'à ce jour par les soins du Ministère des Beaux Arts ; toutefois nous ne quitterons pas Timgad sans mentionner les cinq basiliques chrétiennes dont on voit les restes, et notamment celle édifiée, sous le patriciat de Grégoire, au VIIe siècle, dans la direction sud du Capitole. Nous citerons aussi le fort bysantin, œuvre immense, dont les murs renferment, comme toutes les constructions analogues de l'Afrique, un grand nombre de fragments intéressants enlevés aux ruines les plus voisines. Il mesure 80 mètres sur 120 ; une

Fig. xxxvi

MARCHÉ, BOUTIQUES RAYONNANTES

tour carrée protège chaque angle ainsi que le milieu des courtines. Après la basilique de Grégoire, c'est l'édifice le plus récent de Timgad : il fut élevé par Solomon après la destruction précipitée de la ville antique par les Maures au début du vi⁰ siècle et, jusqu'à la fin du viii⁰, resta l'un des derniers refuges de la civilisation chrétienne contre les armées envahissantes de l'Islam.

C'est à notre pays qu'il appartenait de faire revivre cette civilisation et de dicter des lois à ces Kabyles dont les ancêtres n'avaient, avant nous, subi aucun joug, pas même celui de Rome qui les vainquit, les refoula, mais ne les dompta jamais.

Parmi les devoirs que comporte la tâche grandiose qui nous incombe, nous avons celui de garder précieusement et de transmettre intacts aux âges futurs les trésors archéologiques qui nous sont confiés et qui sont répandus avec une si merveilleuse profusion sur le sol de l'antique Numidie.

DIJON. — IMPRIMERIE DARANTIERE, RUE CHABOT-CHARNY, 65

www.ingramcontent.com/pod-product-compliance
Lightning Source LLC
LaVergne TN
LVHW022115080426
835511LV00007B/839